녹(綠) -고도를 기다리며

녹綠 -고도를 기다리며

흐름을 아는 물속에서 더 이상 견고한 돌들은 없다.
돌들은 포기하고 물속에서 산다.
그들의 무게와 그들의 부피를 포기하고.

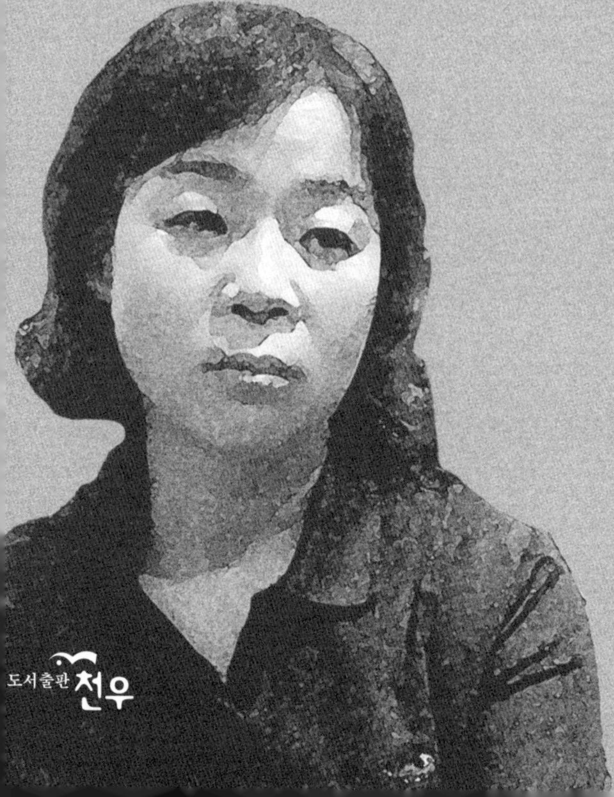

박명희 시집

도서출판 천우

● 시인의 말

부끄러움이 없고 미름(양보)도 없는 시대에 나는 살고 있다. 남에게 내 말 하기 바쁜 시대, 조용함이 없는 시대이므로 더욱 외로움이 많다. 요즈음 아무리 귀한 손님이 와도 바깥에서 해결하고 심지어 바깥에 잠자리까지 마련해 주고, 노독路毒을 씻으랍시고 달도 뜨기 전 헤어져 집으로 돌아온다. '유붕有朋이 자원방래自遠方來하나 불역불편호不亦不便乎아' 이다. 그리고 집에 돌아와 주머니의 카드 영수증을 본다. 옛날, 얼굴이 빨갛게 상기된 별당 아씨들이 많고, 대가족이 살아 집에 손님이 오면 음식 만들어 마주 앉아 한담하던 시대가 그립다. 시장에 가서 마른 명태 몇 마리 사와 쪄 놓고 친구를 기다릴 일이다. 어줍지 않은 시 이야기로 밤을 새울 일이다. 그리고 새벽에 시 한 줄 건질 일이다. 시인이므로, 시가 없어도 좋을 일이다. 앞으로는 그 누구도 겁내지 않고 시를 쓰겠다.

2010년 9월

제1부

제2부

제3부

제 1 부

한설寒雪

아버지 없는 벚나무 그늘
오월에도 칠월에도
한 줄 바람에 미끄러진다.
영하 15도 해발 700고지
눈 치는 사람
눈보다 먼저 얼었다 녹는 그리움

녹綠
— 고도를 기다리며

오뉴월 이상기온 속
몸에 먹물을 입히고, 쑥물을 입히고
오물도 입히고
대문도 없이 헐린 담벼락 밑
다리 못 펴고 잠들며
널 기다린다.

녹을 잘 길렀다.
녹은 드디어 내렸다. 신이 내리듯이,
반가운 나머지 앉지도 않고, 더더욱 눕지도 않고
녹슨 채 널 기다린다.
비록 오지 않을 것을 알지라도, 부정하면서 부정하면서

알맞은 습도와 온도 속에서
더 많은 비바람 속에서
두껍게 두껍게 자라기를 기다린다.
부풀어 올라 더 이상 형체를 알아볼 수 없다.

마침내 그 녹은 전체를 뒤덮고
벗어날 수 없게 되고
완전한 부피와 무게로 굳어 버렸다.
그렇게 하여 널 기다린다.

흑산 교회

캄캄한 밤
바람 소리, 그리고 고양이 소리
간간이 자동펌프 소리
교회 종소리
사람들은 교회에 가지 않았다.
일상이 기도이니까,

다시 바람 소리, 싸락눈 소리
자동펌프 소리
사람들은 교회에 갔다.
새벽 기도로 고요를 채우기 위하여.

일몰

욕망 없이 해가 진다, 처녀를 안고도
아들도 없이 해가 진다, 늙은 보살님과
고양이를 안고 해가 진다, 저녁 예불처럼

북 치고 장구 치고

세월이 흘러 우리가 함께 꼬부라져 더 이상 부끄러움이 존재하지 않을 때, 그때 우리 만나 지금을 이야기할까. 아버지는 나귀를 타지 않았지만 절대로 돌아오지 않는다. 아버지가 없는 해당화 울타리의 아이, 혼자 놀고 있는 아이, 점점 커서 더 이상 자라고 싶지 않은 아이와 바다로 간다. 바다는 더 이상 나를 받아주지 않는다. 아이는 바다 거품만으로도 즐겁다. 나는 이맘때 유영을 즐긴다. 아이를 훔쳐보며 아이처럼 논다. 아무도 이해해주질 않는 내 삶의 유영.

적멸의 땅

가뭄으로 인하여 단풍은 더욱 아름답지만 건천에는 마른 석회의 자갈이 뼈를 드러내고 구절초는 하얗게 피어 이승의 향기를 달래준다. 아이들은 내게 아이이길 요구하고 어른들은 내게 어른이기를 요구하네. 난 어른과 아이가 한꺼번에 된다. 비가 오지 않는 나날 안개 맞으러 몸을 적시러 나간다. 젖은 몸으로 나뒹굴어도 좋을 적멸의 땅.

반성

— 박효용 님을 보내고

용기와 감동을 잃었습니다. 사랑을 방해했습니다. 살았을 적에 그를 만나지 않았습니다. 살 짓무르고 눈이 들어가고 뼈가 삭아 내리고 드디어 죽어서 가루가 되어서야 그를 만나겠다고 심야 버스에 몸을 실었습니다.

건천수성乾川水聲
— 마른 내의 물소리

曉天

楓滿晩秋此山中 단풍 가득한 늦가을 이 산중에

無客無主當虛空 나그네도, 주인도 없고 다만 허공 있네

獨游與霜葉寒月 홀로 서리 맞은 낙엽과 찬 달과 노니니

忽得乾川甚水聲 문득 마른 내의 깊은 물소리 들리네

나무

나는 나무가 되어 겨울을 견디고 있다. 그것은 지옥으로 가는 길목에 있는 상수리나무였다. 나를 감추며 나는 차라리 겨울을 즐겼다. 그는 나의 모든 것을 지우려 애쓰고 있었다. 나는 굳이 그렇게 하고 싶지 않았다. 하나뿐인 사랑 때문일까? 어디에나 그의 그림자가 나를 따라다니고 있었다. 사랑은 얼마나 나를 지치고 힘들게 하려는가? 이제 모든 게 무너지고 말았다. 나는 한 그루의 나무가 되었다.

탄생

사람이 되기 위하여
문을 열고 새벽을 열고
마을버스 타고 마을을 지나
일반버스를 타고 동네를 지나
기차 타고 경기도 충청도를 지나
택시 타고 목포를 살짝 지나
배를 타고 남해 서부의 망망대해를 지나
트럭을 타고 흑산 예리 항을 얼른 지나
그렇게 진리 항에 가야만 했다.

그곳에서 비가 오고 바람 불고
번개 치고 폭풍경보도 있었지만
우리가 몸을 피했던 것은
무엇보다도 사람
그러나 우리 모두는 사람이 되길
간절히 원했다.

그러나 1

온 종일 비가 내리고
나는 갈증이 났다.

그는 나를 기다리고
나는 그에게로 가지 않았다.

그러나 아름답다.

그러나 2

우리는 함께 배를 타고 흔들리고
술과 인생을 논하고 빵과 사랑을 논하고
수박을 심고 복숭아나무를 심었고
쑥과 감자를 캐고
영하 이십 도의 추위에 맨발로 등산을 하였지.

그러나 꿈이 달랐지.

그러나 3

동짓날 새벽기차 타고
남은 인생의 위안을 위한
기도를 드리러 갈 때
통리와 고한과 황지가 합창이 되어
내게 조소를 보낸다.

병원 가는 길

내 어릴 적 널을 뛰며 튕겨져 오르다,
낮은 지붕 끝 처마에 찔려 눈가에 구멍이 뚫려
엉엉 울다가 외할머니께 야단맞고 울음이 멈췄건만,
사내아이들과 담 위에서 뛰어내리기 하다가 턱이 찢어져
엉엉 울면서 꿰맬 때도 있었고
서른다섯에 결혼 허락 받고 좋아서 깡총깡총 뛰다가
보도블럭의 날카로운 면에 넘어져 머리 뒤통수를 열바늘 꿰맬 때도
웃으면서 병원 문을 나섰건만,
오늘 마흔일곱 봄에
개나리, 벚꽃, 철쭉, 민들레를 곁눈질하며
봄꽃이 젖은 채로 흐드러지게 피어 있는 개천을 따라
성산대교를 건너 세브란스로 가려니 왜 그리도 눈물이 나는지
이 검사 저 검사 검사만 많이 해도 겁이 덜컥
저혈압 갑상선… 이름도 모를 병명
한 번 갈 때마다 종류만 늘어나고
왈칵 울음이 봄에 얼어붙는다.

모든 나무는 줄을 서다

새벽 하늘을 본다. 결코 밝지 않은, 그러나 어둡지도 않았다. 그리고 그 시각 지상에 떨어진 과일을 보았다. 아무도 관심이 없었다. 혼자 뒹굴고 있는 참이다. 정오가 되었다. 사람들은 정오를 즐기고 과일이 익을 시간에 과일은 썩고 있었다. 혼자 썩어야 했다. 오후 두 시 지독한 폭염, 사람들은 보이지 않았다. 혼자 견디고 있었다. 한밤중 사람들은 나무를 옮기기 시작했다. 모든 나무는 줄서기를 당했다. 소나무 회양목 주목 과목 끼리끼리 모든 나무의 줄서기를 마친 뒤 사람들은 줄을 서지 않고 잠자리에 들었다. 썩은 과일들은 줄서기를 당한 나무 아래에서 더 이상 몸을 감출 수 없었다.

염소

바다로 향하는 남대천 제방 길
염소 세 마리
가족일까 아닐까
시도 때도 없이 잘도 피는 달맞이꽃

자전거 타고 힘센 염소 보러 간다.

사람이 묶어 둔 염소들
바다로 향하는 제방이 제집이다.
가족일까 아닐까

불평 없이 비탈진 제방에서 견디는
염소를 만나기 위해 첫새벽 눈을 뜬다.

물의 꿈

색색色色의 땅 위에
각각各各의 모양으로
뒹굴다가 고여 있다가
더 큰 강江에 섞이기 위해
문門 밖에서
무거운 모자를 벗고 어깨를 털며
흘러보았다.

온몸에 갈대꽃을 피우면서
얼음처럼 투명해지다가
싱싱한 물 만지면
놀란 속도로 흐른다.

싱싱한 국화를 만지면 살 냄새가 난다.

더 큰 세상에 섞이기 위해
계속 모인다.
세상이외世上以外에서.

서울의 사과나무

빨간 조명 아래
함부로 누운 사람을 보고
서울에서
함부로 일어서는 마네킹을 보고
전신마비全身痲痺 된 얼굴로
모든 사람의 은밀한 곳에 심어진
잘 생긴 사과나무를 본다.
그 나무의 내부內部에 기생하는
벌레를 보며
빨간 조명을
힘센 장미가 빨아들이는
동물動物의 시간時間 속에
눈을 감는다.

예감

혼돈으로 세상에 흔들리는 것을
예감하면서
먼저 흔들린다.
불을 끄고 좁은 방房에
헌 상자처럼 앉아
이력서를 다시 쓴다.

4月 두릅나무 험하디험한
가시를 지나야 찾는
그 여린 살점을 예감하고
입산하던 날
나의 서류를 안고 수만리를 가다가
스물다섯 개의 채변 봉투를
모두 써 버렸다.

하루 종일
가슴이 결린다.

오후午後의 섬

햇살이
무서운 속도로
한 겹 피부를 벗겨 달아나고
나머지뿐이던
어깨만 남은 그대는
청청하게 씽씽하게
물 많은 눈으로
길 없는 길로 접어든
스스로 푸른 풀
하늘은 엉키어 흘러내리며
칭얼칭얼
뿔뿔이 일어나는 바람 속, 혹은
겹겹인 외투들 속에서
허우적거리며
잠시 기억해 낼 수 있는 그대는
가장 길게 누워
빈칸 된 허리를
물풀로 가리우고
꽃이나 하나 구하려던
적셔진 풀잎이던 그대는
젖은 풀잎을 부추켜 세우며
싱싱한 육지를 꿈꾼다.

제2부

별

예감될 수 없을 만큼
먼 곳에서
새 땅을 일군 2월
자리를 못 옮긴 땅벌레들
낯선 보습에 허리 잘리우고
새 주인의 눈빛에
날개 다친다.
흐를 수 없는
매지리의 물과 바람은
나란히 철로 위에 서고
물물物物마다 나란히
자유시장에 서는데
완전한 미래를 꿈꾸며
철물점에 가 별을 사고
그 별을 걸어두고 평온해 한다.

도르래

꽃은 송이, 꽃은 송이
꽃은 송이라고
일곱 번을 말했던 그해 여름
오대산 진고개 당귀밭을 넘나들며
수십 종의 벌레를 주워 먹고 자란 아이들이
일기를 적어 오랬더니 —일기— 라고
적어놓고 달아났다.
그날 이후
셈여림표로 떨다가
전자오락실로 달려가
수천의 날개를 부러뜨리며
우주의 완전한 평화를 꿈꿨다.
누님은 점점 멀리 이사 갔지만
나는 이사 가지 않았다.

일벌은 일만 해야 하느냐고 묻지도 않았다.

참새는 논을 좋아하고
물새는 빈 논을 좋아하고
굴뚝새는 새벽에 먼저 눈을 뜨지만
나는 무얼 좋아할지 몰랐다.

달과 새

어둠을 따라 돌아가는 길목에
달도 새도 희뿌연 몸을 눕히고 있었다.
가슴 아프게 튀어 오르는 용수철처럼
발을 펴지 못하고 한 평 반 방에 누워
달과 새의 누움을 생각한다.

아리랑

열려라 참깨보다 빨리 드러나는
강바닥에 가늘고 투명한
흰 접시로 누웠다가, 깨어졌다가
다시 태어나고 싶다.
낮게 엎드려 울다 천천히 피어나는
할아버지의 무덤에 욱은 풀처럼
종일토록 쌓이는 개간지의 흙처럼
어머니는 조용하시고
가뭄에 장마에
더덕꽃에 오이꽃에
너무 많이 아프시고
넘실넘실 불어나는 팔월의 강은
자꾸 다시 태어나고 싶게 한다.

수틀의 뒷면을 생각하면

비가 너무 많이 오거나
바람이 계속 불거나
그림이 안 되거나, 시가 안 되거나
친구가 떠나거나, 죽음이 오거나
가을이 너무 짧거나
겨울이 너무 길거나
시집을 못 내거나
세금을 못 내거나
눈이 나쁘거나, 귀가 나쁘거나
산이 높거나, 물이 깊거나는
영원히 풀리지 않을
수틀의 뒷면을 생각하면
아무것도 아니다.

산은 계속 높이높이 쌓이고
물은 점점 깊어져서
오를 수 없고, 건널 수 없다 해도
영원히 풀리지 않을
수틀의 뒷면을 생각하면.

무죄

억수로 비가 내리던 칠월 장마로
온몸이 젖은 채로 외출 중
일단정지의 신호를 거부하며 상행하는
열차를 보는 순간 또 하나의 장마를
체험했습니다. 더군다나 안개 지역을 순회하는
앰뷸런스를 보았을 땐 내겐 역행의 표지판만이
이를 드러내고 웃어 주었지요. 가능하면 난,
표지판에 의한 무죄 판결을 받고 싶습니다.

자유 시장

다시 젖고 있는 땅
폭풍주의보, 호우경보로
비상복을 사기 위하여
시장에 간다.
눅눅한 땅을 지나 일어서는
사람의 허리는 휘어져 있었고
윤유월의 조간신문처럼 늘 젖어 있었다.

시장에서
저녁을 먹기 위하여
궁합과 사주와 관상을 본다.

무능한 별이라도 갖기 위하여
시내외 겸용 공중전화를 든다.

저승꽃

꽃도 많은데
유독 할머니의 가슴과 손등과 발등에
지덕지덕 피는 꽃
처녀애들 봉숭아꽃 물들이고
총각애들 무궁화꽃 피워드는데
그 꽃들은 저마다 말들을 하고
변명을 하고, 사랑을 하는데
꽃 피우기 위해 물도 주지 않는
저승꽃
무색으로 무취로, 외로움처럼
군데군데 스스로 일어서서
지지 않는 꽃
그러다가 영원히 져야 하는 꽃
내 손등에서도, 네 손등에서도
피어났다가 져야 하는 꽃

평발

벽을 안고 키 큰 해바라기를 안고
우리가 늘 염려한
서울의 보도블록을 안고
흔들림 없이, 청색으로 통일하고
이백 리를 가다가 도로를 탓합니다.

단옷날 저녁, 녹슨 양철 물동이 속에서
내 꿈을 산산이 조각내며
자꾸 한쪽으로만 쏠리던
눈먼 방게 한 놈과,
좁은 골목으로 이어지는 출근길
어지럽히고 놀래어
내 무릎을 산산이 깨고도 모자라
날 저물어 방충망 속으로 날 노려보는
풍뎅이 놈을 탓합니다.

꿈에
도로와 방게와 풍뎅이와
아버님과 어머님과 모든 친구들과
평발과 악수를 나눕니다.

겨울 섬

무늬 없이 와 부대끼는 해초
아무런 의식도 없었어, 나에겐
다만 몇 번씩 흘러가는 어두운 기억일 거야
너도 알겠지만 나는 오랫동안
느티나무처럼 아파한 죄뿐이야
어떤 날, 비가 끝없이 내리는데
하루 종일 꽈리꽃이 후둑후둑 떨어지는데
난 계속 노래하려고만 했어
이 모든 것을 생각하면 할수록 날은
점점 빨리 어두워지고, 뜨거운 것은
점점 빨리 식어진다.
겨울 섬처럼.

할머니의 마루

살아서 만날 수 없는 가족이라 눈감고 불러본다.
살아서 할 수 없는 말이라 눈감고 말한다.
살아서 갈 수 없는 곳이라 눈감고 간다. 할아버지 곁에,
살아서 갈 수 없는 곳이라 눈감고 떠났다. 집을,
겨울이 무서워 가을에 가신 걸까, 여름이 고단하신 걸까,
두통 견비통 치통 요통 신경통 통통통
그 모든 아픔을 위한 약들은 섞여져
복용해 줄 사람을 기다리고 있었다.
아무도 오지 않는 마당에는 맨드라미만 이글이글
헐린 본채는 도로가 되어 밤 내내 소음만 안겨주고
돌구 엄마는 옷 태우다 울고 울다가 옷 태운다.
왜 갔나,
아들 메느리 손주 놓고
매일 매일 마루 끝에 앉았더니
왜 갔나,
영감 보려고 갔소?

소를 찾는다

새로 태어난 고무나무 잎처럼
신선하게 느낄 수 있는 그대
매일 흔들어 향기를 피워주면
계절도 없이 피어나는 붉고 하얀 제라늄처럼
사계절 내내 연을 만들어 날리던 그대
뿌리도 잎도 감추고 핀 원추리가
도도하게 바람을 견디고 있는 태백산
어머니가 밝혀놓은 쉰아홉 개의 등

그러나 닿을 수 없는 섬
불리지 않을 노래
여물지 않는 벼
뽑히지 못할 배추
던질 수 없는 그물
누울 수 없는 시인
예불을 올릴 수 없는 보살

법당 둘레의 벽화 —심우도
소를 찾아 나선다.
소를 타고 돌아온다.
소도 잊고 나도 잊는다.
종횡무진 걸림이 없다.

꽃들은 무너지지 않고
그토록 높은 산에서 봄물을 기다린다.

난 장거리 선수처럼 아주 멀리서
초파일 연등을 밝힌다.

역

난 아버지의 강에 섞이길 원했다.
방향이 고정되어 있는 철로 변에서
국화와 맨드라미가 나란히 시드는 것을
손등이 타도록 보았다.

아버지의 도시락을 들고
대합실을, 개찰구를, 플랫폼을 누볐다.
사람에 묻히어 사람들이 사라지고
아버지는 밤 내내 전보를 친다.
가마니가 셋, 강아지가 다섯, 띠띠또또.

종일 부는 바람
종일 부어오르는 얼굴
줄 화분에 담아 기르던 봄도 가고
지붕 위에 널어 말리던 가을도 가고
서른이 되고 마흔이 되고
시도 소설도 아닌 비둘기호에서
온몸을 흔들어 깨운다.

느닷없이 난, 그 역에서 검표 당한다.
꽃이 되고 새가 되는 일은 쉬워도
거대한 몸집 속에 숨겨진

아버지의 별을 찾을 수는 없었다.

아버지의 역에 닿을 수 없는 세월
난 돌아오지 않는 강이 되어 흐른다.

목감* 사거리

수건을 쓰고 다시 형광 모자를 쓰고
바지를 입고 다시 형광 바지를 입고
산업도로에서 여자가 모든 오물을 쓰고 있다.

이상기온 속
시장에 가면 나물도 사고
나물이 아닌 것도 사지만
거리에 나서면 사람도 만나고
사람이 아닌 것도 만나지만
겨울 속의 여름, 여름 속의 겨울
산업도로 위의 여자, 여자 속의 남자
더 이상 성장하고 싶지 않은 전나무는
너와 나를 교신하는 레이더가 된다.

모든 집들은 지어지고 헐리고
닭들은 새벽에 산업도로를 통해 옮겨지고
개들은 사람에게 안겨 다니고
사람들은 차에 안기고 차들은 도로에 안기고
그 어머니는 산기를 안고
미나리밭에서 온몸을 적시며
미나리가 되고 있었다.

앰뷸런스 없는 세월
목감 사거리의 단추 신호등을 눌러야 하는 세월
시외직행버스는 끝도 없이 밀렸다.
그 어머니는 눈물과 너를 낳기 위해
밀리는 산업도로의 차 속에서
기적같이 인내했다.
그 어머니는 너를 낳고 함께 눈물을 낳았다.
공사장의 남자를 낳고
상당한 기간이 지나 무대 위의 여자를 낳았다.
버스는 방향을 바꿀 수 없었고
너의 레이더도 나에게로 고정되어 있다.

* 목감 : 경기 수원과 안양의 경계 근처.

곡마단에 나타난 친구

세상은 살만한 가치가 있다고 여겨지는 곳이라며
어려서부터 줄창 엿 공장 담벼락에 몸을 붙여
엿 고는 냄새에 인생을 묻고 살겠노라던 친구,
문득 마흔이 된 채로 나타나
외발 자전거에 몸을 싣고
몸과 얼굴의 방향을 바꿔가며
나를 울리고 웃겼다.
원숭이는 사람처럼 사람은 원숭이처럼
각각 외발로 등장하여
나에게 박수를 부탁했다.
네가 처음에는 무엇이 되기 위해
곡예를 했을 것이고
지금은 곡예를 위해 무엇을 하고 있겠지.
그래, 믿는다. 넌 실물 크기의
하나님인 것을.

청개구리 초상

돌 틈에 알맞은 몸집으로
태어난 당신은
센 물살을 이기려고
목청이 쉬도록 울어댄다.

남은 물감으로 무명 화가가
아무렇게나 그려준 옷을 입고
거친 호흡으로
거친 바람을 이기려고
다리 한 번 못 펴고
푸르게 더 푸르게
반복하여 무너진다.

풀잎 감춰진 논둑
살찐 까치 하나 지워지는 저녁
좀 더 여린 풀잎에 앉는 꿈꾸며
갯가 흙으로 몸을 덮고 이루는 잠
잠 속에서 물난리를 겪는 당신은
물구나무서기를 하지 않아도
내겐 익숙하다.

갈천리

길은 많아도 겨울 길은 하나
갈천리를 시린 손등으로 걸으면
가슴에 청색 꽃이 핀다.
길은 좁아도
투명하게 자갈 드러난
갈천리의 길을 걸으면
시퍼런 바다를 만질 수 있다.
개천에서 몸 더럽혀진
오리들의 사랑을 보면
몸에서 새 살이 나온다.
겨울 체온 아끼며 길을 걸으면
모든 전설을 들을 수 있다.
길이 없어도
겨울길이 아니라도
갈천리 쪽을 보고 있으면
수천의 날개를 가질 수 있다.

감자

대관령 감자 자루가
무덤처럼 슬퍼 보이는 나날들
내 몸을
그 자루 속에 담고픈 나날들
썩고 걸러지고 가루가 되어
더 이상 해체될 수 없는 존재가 되어
대관령 안개주의보에 섞이고 싶네.

안목의 새

안목에 혼자 집 짓고 잘사는 황씨처럼
식물을 태우고 사람을 태워 버리는
더위를 견디고 있다.
아침부터 한밤중까지
그물에 남겨질 먹이를 기대하며
어둠을 혼자 견딘다.

안목에서 고무바지 입고
고기만 잡는 황씨처럼
수면 위로 떠오르는 모는 고기를 위해
낮과 밤을 낮게 날고 있다.

안목에서 먹지 않고 사는 황씨처럼
수평선을 지키는 강한 어화魚火를
건널 수 있는 날
더 이상의 먹이는 불필요하네.

흑산도

서른이 넘어서야 닿을 수 있는 섬
서른을 넘겨서도 닿지 못할 섬

가슴이 다 타버린 사람만
오고 가는 섬

불을 끄지 않고
불을 켜지 않고
새벽을 맞는 섬
온전하게 하루를 소모해야
가질 수 있는 섬

시집가지 않아야 닿을 수 있는 섬
시집가지 않아도 닿을 수 없는 섬

태울 가슴 남은 사람만
오고 가는 섬

단심가

아침부터 다시 아침까지 새들은
날아다닐 궁리만 하고
궁리 끝에 날아다니길 그만둔다.

영혼의 구제를 위하여
하얀 갑옷을 입고
두부 공장의 하얗고 따끈한 두부를 만들어
너의 문패 앞에서 두부를 팔며
아무도 흉내 낼 수 없는
장밋빛 인생을 노래한다.

윤년의 십일월에도
너를 위해 불을 지필 수 없는 세월에 묻혀
시린 손등과 시린 발등을 감추며
국사봉산*을 오르내린다.

가슴에 빳빳한 풀을 먹여
부러질 것 같은 심장으로
한 점 꿩을 위해 태어난 몽골의 매처럼
동생 내외가 하얗게 피워 준 박꽃처럼
씩씩하고 깨끗하게 다가가
비가 오면 비가 되고

바람 불면 바람 되는 너에게
성당 정원에 핀 풍차 소국을 바친다.

* 국사봉산 : 서울 상도동에 소재.

바다가 육지라면

아침마다 불을 끄는 나의 침묵
그를 통해 볼 수 있는 바다
나는 다시 날아오를 수 있을까?
삼짇날 훨씬 지나 피어나는 목련처럼
사월에도 오월에도 펑펑 내리는 눈처럼
나는 다시 땅에 내려와
모든 것을 적실 수 있을까?
바다 위에서만 평온한 잠을 이루는 새들
육지에서 잠들지 못하는 세월들.

도대체 몇 번 배가 뜨고
몇 번의 어둠을 견뎌야만
몸을 말릴 수 있을까?
젖어서 너를 기다리지 않을 것을
바다가 육지라면.

명주사 자목련

십 년 전 삼짇날에도
오늘 아침 예불시간에도
한결같이
벙어리장갑만큼만 피어 있는 꽃
더 이상 피우길 원하지 않는 꽃
십 년 후 삼짇날에도
한결같을
명주사 자목련.

두 번째 방

엄마의 젖을 먹고 기어 다니고 넘어지고 멍들고
싸움하고 화해하고 오줌 누고 세수하고 머리 빗고
울고 웃고 숙제하고 노래하고 춤추고 기다리고
오랫동안 놀던 방에서 나와 두 번째 방으로 가는
길은 반생을 넘어서 발견할 수 있었다.

아버지의 가방

내 나이 마흔하나
해가 떠도 노을 져도 저절로 눈물 나

두 번의 눈 수술과 두 번의 가출과
두 번 이상의 외박을 하신
아버지와
여름 바다에서 둥둥 떠다니곤 했다.

그러나 따뜻한 밥 한 그릇 못해 드린
아버지가 이승에 머무시는 동안 고요히 들게 될
가방을 산다.

엄마의 몸

엄마의 몸은 내 집에서 동생의 집으로 바뀌고
또 다른 동생의 집으로 바뀌고
그리곤 텅 비어 세월을 감고 있었다.

사랑은 아직도 끝나지 않았다

내 몸에서 떠나지 않는 냄새처럼
이승에서 끝내지 못할 인연처럼
네 몸에서 떠나지 않는 그늘처럼
저승에서도 끝내지 못할 인연처럼

흑산의 별

삶이 가자는 데로 가지 않고
꿈을 꾸는 곳으로 갈 수 없고
마음이 닿는 곳으로 갈 수 없을 때

육지에서는 가질 수 없는 별을
갖기 위해서 망망대해
캄캄한 섬 중에 별을 기다리다
어느덧
고양이처럼
해풍에 늙는 나를 발견한다.

선자령 아낙네

마음은 시월부터 얼어붙어
칼바람 소리에 잠을 설친다.

배추는 배추대로 당근은 당근대로 얼어붙어
비닐하우스도 찢어지고
나의 편도도 파열되고

시가 되지 않는 밤 술을 마신다.
술을 마실 수 없는 밤
차라리 어깨춤을 춘다.

산 까치

가뭄에 장마에 더 이상 견디기 힘든 세월
노루, 고라니, 멧돼지가 마을로 내려와
사람이 가꾸어 놓은 콩과 옥수수를 모두 먹어 버리고
깊은 산에서 자라는 엄나무는 주소를 옮겨
도라지 밭에 내려와서 말라죽고
캐지 못한 감자는 땅속에서 썩어 죽고
돌미나리는 가물어 가물가물

산 까치는 산에서 울다가 죽네.

편지

두타산 청옥산을 돌아 네게로 가는 길은
내게 더 이상 남겨지지 않아 나는 종일 무너진다.
무릎에 수천 개의 낡은 바늘을 꽂고
비에 불어 형체를 알아볼 수 없는 발을 안고
비애에 젖은 속살을 감추며
생의 마지막 편지 한 줄을 쓴다.

사랑은 아직도 끝나지 않았다.

그러나 사랑을 닫고
오늘 끼니를 걱정하며 사는 내가 아름답고 눈부시다.

나의 고독은 끝나지 않고 날이 갈수록 깊어만 가고
나는 고전시극의 비극적 여주인공이 되어가고 있었다.
친구들에게 안부 전화를 걸 수 없고 받을 수도 없게 되었다.
단지 내겐 오늘의 해가 뜰 뿐이었다.
사랑은 아무나 하나?
나는 나의 사랑을 위한 에너지와 시너지를 모두 써버렸다.
너는 어디에 있을까?
천재는 어디에 있을까?

가시 위에 버티고 앉아 너를 보고 있다.

이불

이불을 샀다. 이불 무게를 견디지 못해 이불을 버렸다. 아버지를 위해 멋진 바지를 샀다. 허리띠를 샀다. 그러나 소용없었다. 아버지를 위해 헐렁한 바지를 샀다. 아버지를 위해 코 수건을 샀다. 기저귀를 샀다. 아버지는 화가 많이 났다. 나는 아버지보다 더 화가 나 있었다.

대관령

그는 고민 많은 시인처럼
비행 전의 조종사처럼
파종 전의 농부처럼
수업 전의 교사처럼

경건하게, 경건하게
무겁고 낮게 앉아
연기만 뿜어낸다.
젖소들의 크기에 알맞은 소나무 그늘과
밤에도 낮에도 빛나는 은사시나무
몸체만 남아 레이더 같은 전나무와 벗하며
아흔아홉 나날을 견딘다.

난 조심조심 그를 따라
비행한다.

어머니

어머니는 어머니이다.
내게 젖을 주거나 주지 않거나
네게 돈을 주거나 주지 않거나
내게 씨앗을 주어 꽃을 피우게 하거나
네게 바위를 주어 몸을 힘들게 하거나
어머니는 미륵불이다.

어머니는 영원한 자유다.
나를 이 땅에 낳아 움직이게 하고
나를 이 땅에서 꼼짝할 수 없게 하지만
정신과 육체를 함께 놓을 줄 아는 자유가 확실하다.
자유의 여신이다.

어머니는 극락이다.
나를 지옥에서 살게 하지 않고 극락으로 오라고 손짓하는
눈물이고 웃음이다.

고모

할머니의 술을 고모가 마시고
아버지의 술을 고모가 마시고
내 술도 고모가 마시고
고모는 고모의 술을 마시지 않았다.
고모는 밥 대신 술을 마시고
술 대신 밥을 먹었다.

기사문의 일출

고요를 뚫고 고요로 가는 그곳에 기사문리가 있다. 그곳에서는 초승달이 항상 깨어 있어 꿈을 꿀 수 없다. 그러므로 너를 볼 수 없다. 김장을 하듯 조심스럽게 오전과 오후를 견디면 밤이 오고 그 밤의 적막 속에 모든 것이 살아 있고, 땅콩 껍질 속에 꽉 찬 알처럼 틈이 없을 때, 기다리지 않을 때 가장 아름다운 일출을 가질 수 있다. 흔들리는 기차 속에서 감히 꼿꼿하게 서 있으려 노력하는 자와 누운 채 얼음 속에 얼어붙은 갈대의 울음소리를 들은 자와 모든 길에 공존하는 생과 사의 비밀을 아는 자가, 함께 기사문리에 닿아보면 그러면 단 하나의 일출을 가질 수 있다.

석병산

수해로 무너진 석병산 기슭
계곡의 돌들을 밟아 오른 석병산
길 없으면 만들어 올라야만 하는 산
그 위의 치성폭포 만만찮은 인생길

병病에게

내 몸이 교만을 부릴 나이에 알맞게 찾아온 너는
내 몸에 집을 짓고 아예 살기로 작정한다.
내가 잠시 너에게 무관심하면 당장 날 야단치고
나는 이내 굴복당한다.

덕산 가는 길

열아홉에 섬으로 시집간 고모 생각하며
열아홉에 청상과부 된 이몰 찾아
마음 내킬 대로 굽어지던 할머니 등처럼
휘어져 흔들리는 길
코스모스 가득한
덕산가는 길에 오른다.

부질없이 폐달을 밟는다.
밤새도록 무연휘발유를 쓴다.

길을 간다

내가 길을 간다.
사람들 사이에서 더 이상 사람이길 원하지 않는
식물들 사이에서 더 이상 동물이길 원하지 않는
동물들 사이에서 더 이상 사람이길 원하지 않는
내가 어둑시니 길을 간다.

나는 밤길을 간다.
말 못 하는 여인은 번개시장에서 두부를 팔고
말 안 하는 여인은 중앙시장에서 지방 미역을 팔고
말 많은 여인은 입원을 하고
말 적은 여인은 간병을 하고
가장 적은 수의 사람들 눈 뜨고 있을 시간을 택하여
나는 캄캄한 밤길을 간다.

제3부

돌 1
— 포기

흐름을 아는 물속에서 더 이상 견고한 돌들은 없다.
돌들은 포기하고 물속에서 산다.
그들의 무게와 그들의 부피를 포기하고.

돌 2
— 소원

돌은 돌을 피하여 다른 것을 원한다.
부드러운 흙과 나무와 그리고 꽃을 원한다.
오래도록 돌 이외를 꿈꾼다. 그러나
항상 돌과 함께 있다.
이미 돌이 된 자는 돌로 살길 원했다.
그러나 돌이 아닌 자의
간섭으로 돌들은 부서지고 뭉쳐지곤 하였다.
돌이 아닌 자여
돌들에 대한 간섭을 이제.

돌 3

— 탄생

무한한 모습으로 탄생한다.
집이 되고, 교회가 되고, 일반도로가 되고, 활주로가 된다.
방파제가 되기도 한다. 반복하여 탄생한다.
그리고 죽음도 많다.
발파에 의해 자갈이 되고 모래가 되고, 먼지가 된다.

아니 죽지 않는다. 영원하다.
어떤 모습으로든, 어떤 이유로든 존재한다.
충분히 이유가 있다.

돌 4
— 삶

어디에서든 살아간다.
물속이든 흙 속이든 깊은 계곡이든 바다 속이든
그들의 부피와 무게로 당당하게 살아간다.

돌 5

— 종유석鐘乳石

어느덧 거꾸로 자라기 시작했다.
울퉁불퉁한 몸으로 천장에 매달려
고드름처럼 자라고 있었다.
그러나 더 이상 얼거나 녹지 않는 몸이 되었다.

돌 6
— 반성

비 오는 날 전화 받지 못한 이유
할머니의 산소에서 칡뿌리를 캐버리지 못한 이유
아버지의 저녁을 내가 차리지 못한 이유
어머니의 화분에 물을 주지 못한 이유
중환자실에서 죽음에 이르는 환자를 두려워한 이유
그 모든 이유들을 한꺼번에 무시한 나를 반성한다.

돌 7
— 아버지의 돌

아버지를 찾아갔다. 기차역에서 검표하며 안전 깃발을 펄럭이면서 근무하던, 그러나 없었다. 사표를 내고 산기슭 밑에서 깨끗한 돼지를 키우고 있는, 그러나 아버지는 없었다. 그 앞의 논 벼 이삭 사이에서 피를 뽑고 계셨다. 그 후론 아버지를 찾지 않았다. 아버지를 위하여 밥을 지었다. 죽을 끓였다. 그것을 버렸다. 아버지를 위하여 복숭아를 무르게 하였다. 그 복숭아도 버렸다. 이미 아버지는 드실 수 없었다. 산소에서 벌초를 하고 잡곡밥을 먹었다. 수영을 하고 개구리잠을 잤다. 아버지의 구두를 샀다. 구두를 버린다. 아버지는 내내 숨이 차서 숨을 몰아쉬었다. 평생을 돌처럼 사셨다. 어릴 적 가지고 놀던 부싯돌 주머니에 빈 통장과 달랑 남아 있던 라이터돌 도둑이 오면 던져야 된다는 서랍 속의 짱돌

지금 돌이 되기 위하여 고요히 숨을 거두셨다.
이제 대구포와 곶감과 검붉은 대추를 준비한다.

돌 8

— 가질 수 없는 돌

어머니는 평생 나이만큼 돌을 모았다.
평창, 미탄, 정선, 하장… 돌들이 모였다.
씻기고 닦아 주고 기름 치고 집 지어주고
돌과 함께 웃고 울고 잠든다.
문득, 돌과 닮은 어머니를 보았다.

돌 9
— 가지고 있는 돌

한겨울 동치미 단지 속 무 눌러 놓을 돌
겨울에 튼 발뒤꿈치 문지를 돌
사계절 신장에 쌓인 돌
맹장에 숨어 있는 돌
요로에 쌓인 돌
공깃돌
짱돌
돌

살아가는 이유

아픈 아이를 안고 평생을 사는 부모
아픈 부모님을 안고 평생을 사는 자식
서로 아픈 부모 자식
아프지도 않고 슬프지도 않은 부모와 자식

병실에서 온몸에 주사기를 꽂고 대변 줄을 차고
누워만 있어도 행복한 사람
가진 것 다 가지고 있어도 어딘가 부족해 보이는 사람
가진 것이라고는 병만 있고 빚만 있어도 만족해 보이는 사람
예쁠 것 없는 사람이 죽어라고 보고 싶은 사람과
미운 곳 없는 정형 미인인데 멍청해 보이는 사람이
함께 살아가는 분명한 이유가 있다.

죽어가는 이유

엄마 뱃속에서 삼 개월 만에
세상에 나온 지 삼 개월 만에
엄마 뱃속에서 나오다가 엄마와 함께 죽기도 하고

루사 폭우에 아빠와 함께
축사를 돌아보다가 죽은 아이도 있고
등교 버스에 몸을 싣고 성수대교 무너져 내려 죽은
무학여고생도 있고

스물에 교통사고로 가 버린 동기생
서른에 암으로 죽은 내 친구
마흔 살 무렵 요절한 화가
쉰 살 무렵 사망한 미망인
예순에 원인 불명 사망한 홀아비
일흔에 후두암으로 돌아가신 내 할아버지
여든 못 넘기고 반 치매로 가신 내 아버지
그렇게 죽어가는
이유는 분명 있다.

기도하는 이유

새벽 네 시 어둠을 뚫고 얼음에 미끄러지며
그곳에 닿아야만 하루가 시작되고

결혼하지 않은 사람
결혼을 한 번 한 사람
결혼을 한 번 이상 한 사람의 기도하는 이유는 다르다.

집이 있는 사람과 집이 없는 사람
아픈 사람과 아프지 않은 사람
슬픈 사람과 슬프지 않은 사람
아이 어른 노인의 기도와
남자와 여자의 기도는 모두 다르다.

기도하지 않는 이유

그때, 오곡밥을 함께 먹지 않았고
'노트르담의 꼽추' 를 함께 감상하지 않았고
사월에도 '황무지' 를 함께 말하지 않았고
'베토벤' 을 함께 듣지 않았고
'장자' 의 뜰에서 함께 숨 쉬지 않았고

지금, 기차를 타고 배를 타고
너에게 갈 수 없고
결코 결혼하지 않았고
너의 아이를 낳지 않았고

앞으로, 너의 아름다운 꽃밭에도
너의 장례식에도 갈 수 없는 나
그러므로 기도하지 않는다.

미타사彌陀寺

내 어머니 딸 일곱 낳고 남부끄러 숨어들어가 아흐레 보낸 곳, 내 아버지 철도 공무원 사표 내고 머리 식히러 들어가 있던 곳, 바깥 묵호 복사꽃 흐드러진 수원지 끼고 돌아 들어가면 한겨울 마당 안뜰에 무 배추가 함께 얼어 있고 구십 넘은 노보살님이 맑은 미소로 맨드라미 피워내고 부지런한 공양주 보살님과 장독에 가득 담긴 간장 된장 고추장 있고 새벽 네 시 어김없이 예불 올리고 동짓날 팥죽을 시뻘겋게 가마솥에 설설 끓여 나눠주는 따뜻한 절이 우리 동네 어귀에도 있었으면 좋겠네.

문수文殊

화사한 새색시로 웃고 있는 문수文殊
오대산 월정사 대적광전에서 만나
다음날, 다음 생을 말하니 세상을 다 얻었네.

기도

한 사람의 아이
한 아이의 엄마
한 사람의 아내로 태어나고

한 사람의 손녀
한 아이의 할머니
한 사람의 며느리
한 사람의 시어머니로 살고

한 사람의 한 사람으로 태어나고, 살고
한 사람의 한 사람으로 죽게 하소서.

내면 인식의 층위와 의미론적 순환循環

— 박명희의 감성적 시학과 상상의 조화

엄 창 섭

(관동대 교수 · 국제펜클럽 한국 본부 고문)

1. 상상력의 자유로움과 진동의 언어

우리네의 일상적 삶에 있어 특정한 사람과의 만남은 때로는 운명이다. 시집 간행의 기대감으로 시 해설을 조심스럽게 요청한 박명희 시인과의 만남은 30년을 훌쩍 뛰어넘은 검은 제복의 땋은 머리 여고생의 시절로 세월을 거스르게 한다. 급기야 인연의 끈은 내곡동 청송 캠퍼스(국어교육과)에서 놀랍게도 사제간의 정으로 잇닿아지는 좋은 만남의 관계로 이행되었다. 일단, 논의의 초점은 아니지만 창조와 모방(Parody)은 상호 연계성을 유지하기에 한 편의 시 쓰기란, 언어 기호의 창조 행위로 풀이된다.

인간의 내면심리에는 자연을 거부하거나 자연과 대립하는 창조 정신을 지닌 동시에 자연을 모방하고 순응하는 모방정신은 불가분의 관계를 맺을뿐더러, 마침내 대립 구조로 변형되어 지극히 합리적이고도 상호보완적 공존의 양상으로 해석된다. 이 같은 현상에 있어 '공간은 사회적 산물이라.'는 르페브르의 지적은 '생성된 공간'의 개념으로 해석되어지고, 또한 박명희 시인의 경우에는 시적 역동성이거나 그만의 친화력으로 수용된다. 모두冒頭에서 평자의 전제는 시의 색깔과 경향 남다른 그의 시 쓰기에 있어 주의 집중하는 역주는 열정과 시혼詩魂에 연유한 도전·실험정신의 편린片鱗에 해당되는 것으로 이해된다.

박명희 시인이 지난 2004년 4월 계간지 『시인정신』을 통해 「명주사 자목련」을 비롯한 5편의 시로 신인상을 수상하면서 등단한 이후, 줄곧 고뇌하며 생산한 그만의 정제된 70편의 시 작품은 삶의 공간과 잇닿은 내면 인식의 결과물로 타자와의 합일을 넘어선 초월적 의미의 다양성을 이채롭게 수용하고 있다. "마흔이 넘어 시와 삶이 하나라는 것을 알고 시를 일궈내는 중에 등단해 기쁘다."라며, 소감을 천명한 그 자신은 강원도 동해 출신으로 대학생의 신분으로 〈청송문화상〉(대상)도 수상하였다. 한편, 박남철, 강세환, 염산국, 박용재 등의 시인과 색깔 있는 '섬' 동인으로 문학에 대한 가슴앓이를 하면서도 서정적 미감과 따뜻한 감성을 눈부시게 꽃피웠기에,

격랑의 세월 뒤에도 또렷이 평자에게 기억되는 얼굴이다.

충직한 독자인 우리에게 거부감 없이 읽혀지는 그의 시편은, 반복되는 삶의 양상과 그것들의 공간적 긴장에서 파생되는 내적 충만(사유)의 자아성찰로 현대시의 존재론적 해석으로 간주된다. 이 같은 연유로 그의 시편은 상상과 추상에 의한 내면 인식에서 생명의 언어로 상처 입은 영혼을 치유하고 또 독자적인 눈부신 시어의 조탁彫琢이, 생명외경의 현상으로 확대되어 배경 지식(Schema)으로 감동을 회복시켜준 추이推移이다.

어디까지나 매몰차고 우울한 삶의 일상에서 신이 허락한 존재의 까닭을 구명究明하기 위해 보다 틈틈이 창의적 부산물로 형상화된 그의 시편들은 유의미한 것으로 적확, 격렬, 구체적, 복합적으로 리듬과 형태를 갖추고 있다. 여기서 시적 내용의 이해를 통한 정직성과 성실함은 바로 그의 시를 읽는 기쁨이며, 다이돌핀(Didorphine)을 쏟아내는 감미로운 정신작업이기에 긍정적으로 독자들의 관심 대상으로 지적된다.

이처럼 궁핍한 정신적 삶에 있어 '정신기후를 따뜻하게 조성시켜주는 좋은 시인과의 만남' 은 더없는 행복이다. 하버드 대학의 나탄프지 박사가 '힘차게 흔들 수 있는 깃발, 온전히 믿을 수 있는 신념, 그리고 진실로 부를 수 있는 노래' 를 미래의 지성들에게 강조하였듯이 지극한 사랑과 정성으로 좋은 인간 관계성을 조성하려고 시의 품격을 위해 한 시대를 고뇌하며 '보다 천천히' 라는 미끄러짐의 시학에 뿌리를 둔 박명희 시인과의 만남으로 기쁘게도 감성의 미감을 접할 수 있는 것은 그저 감사할 일이다.

문화충돌이 예견되는 암울한 현상에서 '존재의 가벼움' 을 되뇌게 될 때, 시적 상상력의 확장은 더없이 동시다발적으로 요청된다. 특히 거대한 지식 · 정보화 사회를 구축하는 힘은, 시적 상상력의 자유로움에서 비롯된 예술에 대한 깊은 이해와 관심이기에, 혹간에 소통의 도구로 사용되는 시적 형상화는 모쪼록 박명희 시인의 경우에도 온몸으로 진동하는 사랑의 언어를 빚어내기 위한 주의집중의 변주變奏이어야 할 것이다.

근간, 언어공해의 심각성으로 정서성이 파괴되어 정신적 질병에 고통을 받는 불행한 세대에게 위로와 치유를 안겨주는 애정은, 그나마 현실 상황에서 공동의 관심사가 되어야 한다. 한편, 『녹綠―고도를 기다리며』(도서출판 天雨, 2010)를 상재한 박명희 시인의 정직성과 성실함에 뜨거운 박수와 격려를 보내는데 인색할 수 없다. 까닭에 맑은 영혼의 소유자인 그만의 시적 특이성과 올곧은 품격, 그리고 인간적 친근미가 장식된 박명희 시인의 분신에 해당하는 시적 의상에 관하여 날줄과 씨줄의 그 틈새를 검색해 보기로 한다.

2. 시인의 자존감과 시대적 소임

자신을 해체하고 재조합하는 창조적 행위의 동기는 시적 상상력에 기인한다. 국가나 개인에게 있어 생명력을 지닌 언어는 의미나 그 꼴을 항상 일정하게 고정하여 유지되지는 아니한다. 그것은 짜맞춤과 그것을 받쳐주는 문맥에 의한 변환이기 때문이다. 모름지기 시인에게 "모국어의 속살과 항변"이라는 시각에서 나름대로 고뇌하며 단절을 의미하는 닫힘이 아닌 열린 사고와 이웃에 대한 따뜻한 배려, 그리고 영혼을 정화시키는 관심사의 표출은 주요 테제가 되어야 한다. 법정 스님의 유문처럼 "내생에도 다시 한반도에 태어나고 싶다. 누가 뭐라 한대도 모국어에 대한 애착 때문에 나는 이 나라를 버릴 수 없다." 이처럼 모국어에 대한 맑은 마음을 지녀줄 것을 소망하며 이 같은 배경에서 접근하여 탐색할 때, 박명희 시인의 시편들은 질서에 의해 통일된 하나의 세계이며 전통의 확인으로서의 골격을 유지하고 있다.

보편적으로 그의 시작품들은 항시 미적 세계의 창조라는 고정관념만을 고집하는 것이 아니라, 시적 상상력이 인자因子가 되어 경험의 정체성이 중시되고 창조된 조화의 자유로움이 일정한 새들의 날갯짓으로 변형되어 생명력을 유지하고 있다. '만남과 조화'라는 끈끈한 인연의 층위를 소중하게 인식하고 있는 박명희 시인의 시정신은 드러냄보다 감추려는

낮춤의 미덕이 자리해 있어 자신의 시격을 높여 주고 있다. 그 자신이 조심스럽게 빛어 보인 생명의 편린은 공동의 세계가 무너진 비정한 현대사회에서 공동체 인식을 절감해야 할 인간관계의 지속적인 일깨움이다. 그것은 기계적인 것이 아니라 훨씬 친근하고 근본적인 관계로 설명되기에 가끔은 눈물 속에서 더욱 빛난다.

> 이불을 샀다. 이불 무게를 견디지 못해 이불을 버렸다. 아버지를 위해 멋진 바지를 샀다. 허리띠를 샀다. 그러나 소용없었다. 아버지를 위해 헐렁한 바지를 샀다. 아버지를 위해 코 수건을 샀다. 기저귀를 샀다. 아버지는 화가 많이 났다. 나는 아버지보다 더 화가 나 있었다.
>
> —「이불」 전문

하찮은 사물로부터 놀라운 현상을 발견하기 위한 그의 정신력은 「이불」을 통하여 확인되어지듯 집착력이 강하여 매사에 몰두할 뿐만 아니라, "아버지의 역에 닿을 수 없는 세월/ 난 돌아오지 않는 강이 되어 흐른다.(「역」)"에서와 같이 고귀한 한 사람의 충직한 시인으로서 사물에 대한 번뜩이는 투시력과 항시 문화에 대한 안목을 넓고 깊게 지니고 있다는 사실이다. '누가 바람을 보았을까. 나도 그대 본 일이 없지만 나뭇잎을 흔들면서 바람은 지나간다.' 는 크

리스티나 로제티의 시구처럼 박명희 시인은 눈에 보이지 않는 존재에 대해서도 일상적인 일깨움과 세월의 흐름마저 부드럽게 전이시키는 비법을 감미롭되 쫓기는 시간 속에서도 여유롭고 조화된 삶을 살아가는 존재이기에 시편에 수용된 혈육(부친)에 대한 남다른 애정은 결코 놓치고 지나칠 수 없는 감동의 회복이다.

더 큰 세상에 섞이기 위해/ 계속 모인다./ 세상이외世上以外에서.

—「물의 꿈」 일부

매지리의 물과 바람은/ 나란히 철로 위에 서고/ 물물物物마다 나란히/ 자유시장에 서는데/ 완전한 미래를 꿈꾸며/ 철물점에 가 별을 사고/ 그 별을 걸어두고 평온해 한다.

—「별」 일부

이처럼 상처 입은 영혼을 치유하고 "세상에 섞이기 위해", "철물점에게 가 별을 사고"에 내재된 틈새처럼 소외된 이들의 손 잡기를 한 순간에도 거부하지 않는 그의 따뜻한 심성은, "엄마의 몸은 내 집에서 동생의 집으로 바뀌고/ 또 다른 동생의 집으로 바뀌고/ 그리곤 텅 비어 세월을 감고 있었다.(「엄마의 몸」)"에서 교시되듯 독자로부터 관심의 시선을 끌게 하는 충분한 명분을 확장시켜 나가고 가능성을 열어 놓고 있는 점이다. 하나의 거대한 문화덩어리(Cultural cluster)로 제시되는 문화는, 21세기를 압도적으로 이끌어 갈 것으로 예견되는 담론이기에, 국가나 기업이나 개인이 살아남기 위해서는 시적 상상력의 확대가 끊임없이 검색되어야 한다.

새무얼 헌팅턴은 새로운 천년인 21세기를 '문화충돌의 시대'라고 결론지었듯이 새로운 현대예술문화의 장을 구축하면서도 문화의 지역구심주의를 맞아 지역에 몸담고 있는 시인들의 시대적 소임과 그 몫을 탐색하는 것도 유의미할 것이다. 까닭에 자연의 아름다움이 빼어난 푸른 숲과 맑은 물, 그리고 시인이 몸담고 있는 공간을 축으로 발상의 전환으로 정체성(Identity)이 회복되는 것은 물론, 직면하고 있는 삶의 공간은 최소한 만남과 조화의 장으로 치환시켜야 한다. 이 점에 있어 시미詩味의 다양성과 자유로움을 통하여 「북 치고 장구 치고」, 「적멸의 땅」, 「모든 나무는 줄을 서다」, 「나무」 등의 시편에서는 호흡이 긴 산문시와 만나게 되기에, 박명희 시인의 「적멸의 땅」, 「나무」를 손금을 보듯 음미해 보면 그가 추구하는 시적 대상과 질료가 조용한 탄성과 함께 접목된 사실이 발견된다.

가뭄으로 인하여 단풍은 더욱 아름답지만 건천에

는 마른 석회의 자갈이 뼈를 드러내고 구절초는 하얗게 피어 이승의 향기를 달래준다. 아이들은 내게 아이이길 요구하고 어른들은 내게 어른이기를 요구하네. 난 어른과 아이가 한꺼번에 된다. 비가 오지 않는 나날 안개 맞으러 몸을 적시러 나간다. 젖은 몸으로 나뒹굴어도 좋을 적멸의 땅.

—「적멸의 땅」 전문

나는 나무가 되어 겨울을 견디고 있다. 그것은 지옥으로 가는 길목에 있는 상수리나무였다. 나를 감추며 나는 차라리 겨울을 즐겼다. 그는 나의 모든 것을 지우려 애쓰고 있었다. 나는 굳이 그렇게 하고 싶지 않았다 하나뿐인 사랑 때문일까? 어디에나 그의 그림자가 나를 따라다니고 있었다. 사랑은 얼마나 나를 지치고 힘들게 하려는가? 이제 모든 게 무너지고 말았다. 나는 한 그루의 나무가 되었다.

—「나무」 전문

"신의 나라는 씨앗을 팔지 열매를 팔지 않는다."는 탈무드적 인식을 통해 내면적 체감을 도외시하고 일상의 삶과 시대적 흐름에 편승하는 위기와 기교에 빠져 주제의 빈곤을 안고 있는 사회 현상에서도, 수모를 감내하며 미적 주권의 확립을 위해 순수 서정의 세계를 지향하는 박명희 시인의 창조 행위는, 마침내 우리의 영혼에 '달과 새, 그리고 꽃' 과 같은 즉물적 물상을 동원하여 시적 상상력을 형상화시켜 "싱싱한 국화를 만지면 살 냄새가 난다.(「물의 꿈」)" "꽃은 송이, 꽃은 송이/ 꽃은 송이라고/ 일곱 번을 말했던 그해 여름/ 오대산 진고개 당귀밭을 넘나들며/ 수십 종의 벌레를 주워 먹고 자란 아이들이(「도르래」)" "어둠을 따라 돌아가는 길목에/ 달도 새도 희뿌연 몸을 눕히고 있었다./ 가슴 아프게 튀어 오르는 용수철처럼/ 발을 펴지 못하고 한 평 반 방에 누워/ 달과 새의 누움을 생각한다.(「달과 새」)"나 또는 "꽃도 많은데/ 유독 할머니의 가슴과 손등과 발등에/ 지덕지덕 피는 꽃/ 처녀애들 봉숭아꽃 물들이고/ 총각애들 무궁화꽃 피워드는데(「저승꽃」)"에서 관심의 대상이 되는 꽃의 양상을 통해 다시금 담백한 시격으로 의미론적 순환의 통로를 걸쳐 생명감으로 변형시키고 있다.

3. 응시와 주의집중, 그리고 몰입

시를 쓰는 정신적 작위作爲는 단순한 언어유희(Pun)가 아니다. 비정한 후기산업사회에 몸담고 있는 현대인들에게 물질적인 것보다 정신적인 것은 보다 생명적이고 의미 있는 창조 행위이다. 한편 그의 시편 중에서 비교적 안정된 호흡으로 채색된 "왜 갔나,/ 아들 메느리 손주 놓고/ 매일 매일 마루 끝에 앉았더니/ 왜 갔나,/ 영감 보려고 갔소?(「할머니의 마루」)", "서른이 넘어서야 닿을 수 있는 섬/ 서른을 넘겨서도 닿지 못할 섬// 가슴이 다 타버린 사람만/ 오고 가는 섬(「흑산도」)"을 포함하여 시적 정황이 일맥상통하고 있는 「목감 사거리」, 「갈천리」, 「감자」, 「안목의 새」 등은 시적 질료나 기법의 완성도가 높은 작품으로 치부된다. 위에서 열거한 같은 맥락의 작품들은 삶의 현장에서 접할 수 있는 질료를 무리 없이 서정시로 전경화全景化되어 절창된 가작佳作이라 하여도 지나침이 없다.

새로운 시의 골격(꼴)을 위해 쌓기와 허물기를 반복하는 박명희 시인에게 있어, 비록 "내 몸에서 떠나지 않는 냄새처럼/ 이승에서 끝내지 못할 인연처럼/ 네 몸에서 떠나지 않는 그늘처럼/ 저승에서도 끝내지 못할 인연처럼(「사랑은 아직도 끝나지 않았다」)"와 "가뭄에 장마에 더 이상 견디기 힘든 세월/ 노루, 고라니, 멧돼지가 마을로 내려와/ 사람이 가꾸어 놓은 콩과 옥수수를 모두 먹어 버리고/ 깊은 산에서 자라는 엄나무는 주소를 옮겨/ 도라지 밭에 내려와서 말라죽고/ 캐지 못한 감자는 땅속에서 썩어 죽고/ 돌미나리는 가물어 가물가물// 산 까치는 산에서 울다가 죽네(「산 까치」)"의 전문처럼 시적 접근과 소재의 선택은 블레이크식 발상으로 신비성마저 적절하게 배치되어 있다.

기실 다매체 시대에 있어 현대인들이 비열한 이기주의에 이끌려 이해 중심적이지만, 그는 '증오의

소리(음성)가 생명 세포를 죽인다.'는 이론을 중시하고 있기에 절박한 기대감은 화평에의 합일이다. 때문에 그의 시적 지형성(Topography)은 현상적인 고뇌마저도 미감에 담아 풀어내 보인다. 혹여 모순어법적이어서 생경하지만 낯익고, 추상적이면서도 물상적物像的인 그의 시어詩語에서 여성적 섬세함을 뛰어넘어 툭툭 던져지는 담백함은 그만의 시적 동력에 해당한다. 그는 불확실한 의식을 걷어내고 평정된 자아존재의 심사深思로 영혼을 치유하고 고맙게도 삶의 충만감과 감사를 지식 배경으로 삼고 있다.

이와 같이 빛나는 시의 서정적 영토를 가꾸기 위해 인고忍苦의 밤을 밝히는 박명희 시인은, 자신의 삶에 있어서도 그만의 시 정신을 겨냥한 새로운 발견과 접근의 통로를 걸쳐 감정을 절제한 뒤, 시적 기법을 유감없이 발휘하고 있다. 이처럼 자신이 몸담고 있는 삶의 공간을 따뜻한 시선으로 응시하며 "수해로 무너진 석병산 기슭/ 계곡의 돌들을 밟아 오른 석병산/ 길 없으면 만들어 올라야만 하는 산/ 그 위의 치성폭포 만만찮은 인생길(「석병산」)"로 형상화하여 태풍 '루사'의 아픈 기억마저 아름다운 서정의 미감으로 장식하려고 영혼의 닻줄을 당기는 그의 섬세하고 적확한 언어 캐기는 결코 부족함이 없다.

가진 것 다 가지고 있어도 어딘가 부족해 보이는

사람/ 가진 것이라고는 병만 있고 빚만 있어도 만족해 보이는 사람/ 예쁠 것 없는 사람이 죽어라고 보고 싶은 사람과/ 미운 곳 없는 정형 미인인데 멍청해 보이는 사람이/ 함께 살아가는 분명한 이유가 있다.

—「살아가는 이유」 일부

스물에 교통사고로 가 버린 동기생/ 서른에 암으로 죽은 내 친구/ 마흔 살 무렵 요절한 화가/ 쉰 살 무렵 사망한 미망인/ 예순에 원인 불명 사망한 홀아비/ 일흔에 후두암으로 돌아가신 내 할아버지/ 여든 못 넘기고 반 치매로 가신 내 아버지/ 그렇게 죽어가는/ 이유는 분명 있다.

—「죽어가는 이유」 일부

모름지기 불안, 초조, 조급함에 익숙하거나 은유(비유), 상징, 아이러니, 원형 이미지, 등과 같은 시적 도구가 있는가 하면, 삐딱하게 보기, 낯설게 하기, 패쉬타쉬 등의 기묘한 표현 방법의 흉내 내기에 빠져드는 대다수 이 땅의 시인들에 비해 「살아가는 이유」, 「죽어가는 이유」, 그리고 "앞으로, 너의 아름다운 꽃밭에도/ 너의 장례식에도 갈 수 없는 나/ 그러므로 기도하지 않는다.(「기도하지 않는 이유」)"와 같은 시편을 통해 자기변명을 이유理由라는 일관된 키워드로 새롭게 변형시키고 있기에, 박명희 시인을

"황간黃侃의 유인遊刃"에 견주어 예술의 품격을 향유할 줄 아는 천성적 시인으로 가늠할 수 있는 것은, 실험 · 도전정신에 기인한 탓으로 간주하여도 낯설지 않을 것이다.

한편 그의 추천시에 해당하는 "십 년 전 삼진날에도/ 오늘 아침 예불시간에도/ 한결같이/ 벙어리장갑만큼만 피어 있는 꽃/ 더 이상 피우길 원하지 않는 꽃/ 십 년 후 삼진날에도/ 한결같을/ 명주사 자목련.(「명주사 자목련」)"을 통해 미적주권의 확립을 나직한 육성으로 구명하고 독자적으로 본래의 형질을 해체하는 고독한 작업을 반복하는 열중은 가히 놀랍다. 아울러 정직한 그의 시적 행보는, 현실의 안주를 거부하는 식별력과 절대자의 존재를 확증하려는 심적인 표출로 응축되기에, 혼돈의 와중에서 추구하는 심성의 온유함과 예감으로 피폐된 영혼을 정화시켜주는 가능성을 열어 보인 행복이며 기쁨으로 해석된다.

결론적으로 각고 끝에 상재한 그의 정신적 생산물의 총합인 『녹綠 ―고도를 기다리며』를 통한 자명한 잠언적箴言的인 교시는, 다잡한 문화의 세기에 몸담고 있는 한 사람의 심리학자, 작품에 대해 충실하고 개방적인 중개자, 그리고 엄숙한 시인으로 시대적 소임의 자인自認과 그 맥이 잇닿아 있다. 「돌 6-반성」을 포함하여 "흐름을 아는 물속에서 더 이상 견고한 돌들은 없다./ 돌들은 포기하고 물 속에서 산다./ 그들의 무게와 그들의 부피를 포기하고.(「돌 1-

포기」)"~"지금 돌이 되기 위하여 고요히 숨을 거두셨다./ 이제 대구포와 곶감과 검붉은 대추를 준비한다.(「돌 7-아버지의 돌」)"처럼 강도 높게 항변하는 그의 시적 태도는 너무 엄숙하고 비장하다. 모름지기 이 땅의 자랑스러운 시인들은 경계 허물기로 소외된 이웃을 위해 가슴을 열어놓고 시적 상상력을 확장시켜 불가능을 가능으로 전이轉移시키는 비공인된 입법자이어야 한다. 우리가 박명희 시인에게 거는 소박한 기대라면, "내면 인식의 층위와 의미론적 순환"을 위하여 비록 고통이 자리한 삶의 처소일지라도 '인생은 네모나게 태어나서 둥굴게 죽는다.' 라는 고들립의 좋은 인간의 관계성을 항상 곱씹으며 선함과 올곧음을 지니고 지성의 칼날 번뜩이는 긍정적 사유로 맑은 영혼을 치유治癒하는 시대적 예언자로서 건강한 비판 기능을 지속적으로 수행해 나가야 한다.

문학세계대표작가선 609

녹綠 — 고도를 기다리며

박명희 시집

발행 1판 1쇄 2010년 10월 7일
1판 2쇄 2017년 10월 31일

지 은 이 : 박명희
펴 낸 이 : 김천우
펴 낸 곳 : 도서출판 천우
등 록 : 1992. 2. 15. 제1-1307호
주 소 : 서울시 성동구 무학봉28길 6 금융빌딩 2F
전 화 : 02)2298-7661
팩 스 : 02)2298-7665
http://moonhak.wla.or.kr
E-mail : chunwo@hanmail.net

값 7,000원

ISBN 978-89-7954-457-2